Take Away Skämt

Fady Negm El Din

Take Away Skämt

Förlag: BoD – Books on Demand, Stockholm, Sverige
Tryck: BoD – Books on Demand, Norderstedt, Tyskland
ISBN: 978-91-8057-955-1

En kossa blev plötsligt torr varför det?
Den har börjat med pulvermjölk

En skelögd man flörtade med en tjej. Då gick han in i en lyktstolpe.

Det var en gång en orm som såg dåligt. Ormen blir kär
i en slang.

En snåljåp tuggade på tuggummi och sa: jag ska inte sova
förrän det tar slut.

En tjej vill att sin kille skulle säga söta saker till henne.
Då sa han: socker

En tjej sa till sin kille säg något som skakar om mig. Han sa då: jordbävning

Tjejen sa till sin kille kan du säga mjuka, milda saker till
mig. Han sa: salva

Varför var hönan förkyld? Den hade sovit hos en fryst kyckling.

En snåljåp gifte sig och åkte ensam på smekmånaden –
billigt

En person skrattade så mycket att han glömde stänga
munnen.

Varför äter mannen handdukar? För att sluta och drägla

En man gick till grönsaksaffären. Och frågade: Har ni inga andra färger?

Siffran 1 dog. Vad hände med de andra siffrorna? De blev
ledsna.

Varför ger bonden hönan varmt vatten? För att få kokt ägg.

Varför fick komikern livstidsstraff? Han hade gjort så att publiken skrattade ihjäl sig.

En tjej frågade sin kille som var snål. Kan jag smaka på nötterna? Han gav henne en. Hon vill ha mer. Han sa att alla smakar lika dant.

Två kompisar var ute och cyklade. Dom började bråka.
Varför det? Om vem som ska få sitta vid fönstret.

En man såg att det kom mycket folk till en lokal. Han gick in och åt. Sedan fick han notan på 700 hundra kronor. Varför det, frågade han – jag trodde att det var fest

Två personer som alltid har bråttom blev ihop. De fick ett barn som inte hade tid alls.

Vad står alltid längst ner på Coca-Cola burkarna? Öppnas upp i från.

Ett litet barn öppnade en Coca-Cola fabrik. Vad skrev han på flaskorna? Skaka innan du öppnar.

En person somnade för sent vad hände då? Han missade
att drömma.

Är du orolig för i morgon? Sov och vakna i över morgon.

En person blev arg på en flyga och så fick han gå hem
istället.

En myra fastnade i en magnet. Varför då? Han hade tand-
ställning.

En man höll för ögonen och gick till doktorn. Jag ser inget.
Doktorn gjorde hål i handen på honom.

Varför dog myran på stranden? Det var ett Titanic-offer.

En kackerlacka springer efter en dammsugare. Varför det? Dom har sugit upp hans flickvän.

Varför började hunden miawa? För att den hade varit
medvetslös

En tjej sa till sin snåla man god morgon, godmorgon. Det
räcker väl med ett godmorgon svarade han

Varför är myran blå? Den har jeans på sig.

Varför går myran med bikini på stranden? Den spelar
dum.

En myra går i bikini på stranden varför det? Den tror att det är en på en modeshow!

En tråkig person ramlade. Äh; bättre så

Källa: EGY NOKAT